ISPÁNY MARIETTA

SZAVAK HÍDJA

novum pro

Minden jog fenntartva, beleértve a mű film, rádió és televízió, fotómechanikai kiadását, hanghordozón és elektronikus adathordozón való forgalmazását, valamint kivonat megjelentetését, illetve az utánnyomását is.

Nyomtatva az Európai Unióban környezetbarát, klór- és savmentes, fehérített papírra.

© 2025 novum publishing gmbh
Rathausgasse 73, A-7311 Neckenmarkt
kiado@novumpublishing.hu

ISBN 978-3-7116-0364-7
Lektor: Sósné Karácsonyi Mária
Borítókép & Illusztráció: Ispány Marietta
Borító, tördelés & nyomda:
novum publishing

A szerző által a kiadó rendelkezésére bocsátott képek a legjobb minőségben kerültek nyomtatásra.

www.novumpublishing.hu

„Magam előtt láttam az Urat mindenkor,
mert Ő nékem jobb kezem felől van, hogy
meg ne tántorodjam."
Ap. Csel. 2. 25.

E kötet verseinek válogatásáért, az értékelő biztatásért, a baráti, kritikai és elemző beszélgetésekért; a gimnáziumi éveimtől kezdődő tanári, később igaz baráti szeretetért köszönetet szeretnék mondani Varga Lajosné Bartha Ilona magyar irodalom szakos tanszakvezető tanáromnak.

Emike néninek, akitől mindent megkaptam,
Édesanyámnak, aki mindent megadott, és
Édesapámnak, aki által minden bennem él.

Tartalomjegyzék

Júlia 12
A végtelen végtelenjében 13
Lélekzsákmány 15
Egy karcsú izzadás 17
Egy felpirosló nap 19
A háború ördöge 20
Festett üvegkép a viharban 24
A pusztai tavakon 27
A Föld úrnője 28
Felébred a sors 30
A repedt falú tél 32
A zöld aranymadár dala 34
Édesanyám 35
Ajtó 36
Ne emlékezz! 38
A bál 40
Ott várj rám! 42
Örökség 45
A boszorkány dallama 48
Magyar a szó 49
A jéghegyek imája 50
Telihold éjfél 51
A nyár egén 52
Tizenkettedik Jel 53
Y híd leszek 56
A menedék helyén 58
Rongyos élet 61
Csodálatos tél 63
Csendélet 64
A festő keze 65
A bíró 67
Egy ezerarcú pillanat 72

Tükörjég 73
Az igazság kiabál 74
Törékeny fagy, éhes kenyerek 75
Nincs kiút 77
Isten leszel 78
Megszállottak 80
Ellopták tőlem a napot 81

Ispány Marietta XXI. századi költő, orvos, zenetanár, 1971-ben született Debrecenben. Gyermekkorát vidéken, Nádudvaron és Tetétlenen töltötte. Sokoldalú neveltetése éveiben és gyermekkora szabad boldogságában alakult ki és épült teljessé az a korán kiforrt képzeletvilág, amely későbbi írásaiban bonthatta ki szárnyait és szilárdulhatott egy érett, zenében és színekben roskadozó térré.

Verseit finom, törékeny és árnyalt belső érzékelés jellemzi, amely mélységeket és eget meghaladó magaslatokat érintve teszi lehetővé, hogy szavakkal fesse meg azt a láthatatlan festményt, amelybe mártózva az olvasó egy új, különleges dimenzióba repülhet.

Életpályáján az irodalom természetes kincsként volt jelen, amikor merőben más pályát választott. Orvosi és zenei tanulmányait egymást követően végezte. E széles, impressziókkal teli út tovább gazdagította, magánéleti krízisei pedig tovább mélyítették azt a bő vizű kutat, amely versein át törhetett a felszínre.

Írásaiban a szabad képzettársítás lendületes, kerek íveket alkotva, tűpontos, precíz ábrázolásokkal éri el a lélek rétegeit. A megjelenő, valóságtól független álmok és látomások az ember tudat alatt elrejtett kincseit tárják fel. A többféle stílusjegy palettáján –amely még versein belül is változó – színesen jelenik meg a szürrealizmus, a késői romantika, az impresszionista zeneiség, a futurista egység és a megszólító expresszionizmus. Olyan észjárás és érdekes művészetfelfogás jellemzi, amely mély ihletettséget feltételezve ábrázol és ábrázoltat. Verseiben számos szinesztézia és valóságfölöttiség katartikus szövedékében találhatjuk meg az utat a ma már fájdalmas és botrányos ürességből az ezt betöltő fény felé.

Ispány Marietta írásai most jelennek meg először a nyilvánosság számára.

Júlia

Harcol a nap. Vasfüggönyt néz.
Sok levélen tűz vonul.
Lepergetett ínség jár.
Vándorló kutyán a sor.
Leköpött egy kék horda.
A fekete láng percet kér.
Korsó jár a kő kútra.
A rózsatövis már fehér.
Ingemen vörös foltok.
Petőfi szerelme vár.
Évek csapdája zuhog.
Lila felhő, zubbony, sár.
A legszebbik este vér.
Anyánk átka fekete.
A fa virága már nem él.
Vörös harmat tengere.
Kondulnak a harangok.
Tizenhárom gyertya száll.
A bordó s fehér könnyek.
Forró ölelés darál.
Piros, fehér, zöld ernyő.
Azúrfehér fakereszt.
Temetőre hull a szó.
Míg ember él: csókol, s szeret.

A végtelen végtelenjében

Kihajózott életek
zöldjében füstös avar ül.
Tekercses fény hegedül,
lámpák raja énekel.
Összehúzott reménnyel
bújik ki egy hóvirág.
Bongnak a felbúgó fák,
eltörpül az erezet.
Hatalmas térbe enged
az áthajózott szélfutam.
Mint mozduló rangsorban
felcsipkézett díszfelhő,
oly seregben éneklő
sokaság tömege szól.
Horizontot, eget szór
és szólít meg a csend fénye.
Átolajzott tenyérbe pattogó,
dobott szálakon.
A végtelenbe fújt szirmon,
a láthatatlan üvegen.
Sóhajtó, vad perceken
átívelő szárnyakon.
Húzó vadlúd-utakon,
szálló darvak sejtelmén.
S a kóbor ködpír éjjelén
harangozó mélybe száll.
Minden bokrot megtalál,
minden csontot, életet.

S a kifeszített mézteret
csöngve-bongva takarja.
Karját kupola fonja,
és kiterített égszállat.
Csókkal festett varázslat
a megsimított részeken.
Szeretettől éhesen
megszeretett fuvallat.
Körbeszárnyalt esthajlat,
átfogott, telített lég,
hol a por aranyszemcsék
s csend-ezüstpor párlata,
hol a zene aranya
kitárult szívben csorog,
s a felcsobogó nappalok
gyémántvízben roskadnak
az éjben zúgó friss patak
hullásának szőttesén.

Lélekzsákmány

A megszorított vastenger
fuldokló aranyba néz.
Megpördülő vérszemcsék
öntik el a világot.
A lefolyó széles átok
vastag teret igényel.
Reccsenő bolygóhenger
hasítja szét önmagát.
A szétcsúszott, fölbillent hát
földjén rút a villanás.
Lerántott grimasz-száját
elhúzza a rőt horda.
Csillagok hullnak sorba,
a nap is köztük szerepel.
Odvas, veres kéz rándít
űrröppenő bolygókat.
A szakadozott nyilakon
millió hajó repül.
Űrgályák százain ül
az ezer lélek rőzséje.
A halál fulladt mezsgyéje
minden földi embert öl,
s mint az asztag, sorra dől
az értékes lélekzsákmány.

Nyolc dimenzió hátán
futkosnak a fillérek.
A reszkető, kínzó kések
félelme erőt ígér.
Rettegő, sikoltó vér
fiatalít vastagon.
Az égetett léleksoron
őrjítő kiáltást lel.
S az ördög így száz évet nyer
az abortált, s vén hullákból.
A több milliárd kínzásból
sok tartalékkal halad.
Űrközi holdak szakadt
sövényein ünnepel.
S a kettézúzott Föld gémber
omlását onnan nézi.
A végrobbanást figyeli,
s gépvigyorral odébbáll,
majd fiatalságot kínál,
s a százalakú vértejút
bolygóbugyrain hemzseg.

Egy karcsú izzadás

Leveleket tép
egy karcsú izzadás.
A folt egyre sűrűbb,
s mint máglyarakás
tornyában a füst,
már boszorkányt éget.
Kicsendül a csendből
buggyanó élet
egy másik halálvert
szellemjárássá.
A hab homokba ég,
s forró szállássá
vedlik a porból
támasztott lyukon.
Kanyarok papolnak,
s szöges kaptatón
hátba vert púpos
a Notre-Dame fala[1].

---

1 Utalás Victor Hugo: A párizsi Notre-Dame című regényére.

Csücske kimagasló
cigányballada,
napforduló éj
és éjforduló nap.
Kalmár a kalmár.
Zsebbe tömött csap,
horkanó fillér
és rongyos százasok.
A füst megharap.
A víz már nyílt titok,
s kendőzetlen fején
a vörös banya
melléd ül, majd röpül.
Rajtad vihogva.

Egy felpirosló nap

Csepeg egy kongó, felpirosló nap.
Az aranyló pára zamatosan hűl.

Kicsent kabátján tejfehér hegyek
doromboló keze előtted terül.

Kottyanó báján költő még nem járt,
szavára íves fényszalag borul.

Rácsos az óra, melynek mélyén át
az idő kaptatós kapuján gurul.

Hollótenyérnyi ócskavas szakállán
kopog kicsomagolt, gömbölyű réten,

aztán zenélő dobozba pakol.
S kurta furfanggal magasba röppen.

A háború ördöge

Már vad béke könyörög.
Felbukkanó ördögök
verik száraz vérüket.
Lánccsattogó ítélet
dörren csupasz robajon.
Szaggatott vasakaraton
lóg a kötél száz nyaka.
Kiterített piszokba gyűlik
a narancsvéres genny.
Megszagolt, bősz töltényen
ropog a nyíl mozsara.
Dúl vijjogva, rabolva,
dúlt mezőket égetve,
lelkeken átsöpörve,
szigetelve, hurkolva,
a szeretetet roncsolva,
könnyek közönyét lesve.
Vért szopva, vért lenyelve,
halott vérben dúskálva.
A lelkeket megzabálva,
átrágva és kifosztva.
Álruhában osonva,
emberbőrbe rekedve.

Harcot szítva, kergetve,
háborúba sodorva.
S e sárkány méregfoga
minden képen fölbukkan,
hátad mögött a sorban,
előtted báránybőrben.
Melletted a dűlőben,
alattad és feletted,
majd ahol az értelmed
csak egy percre ráfigyel.
Akkor már agyadra lel,
s gondolatokban lebeg.
Sugdos, pofoz, megsebez,
vádol, kínoz, megfagyaszt.
Megdermeszt, hogy ne tudjad,
megállít, hogy ne tegyed.
Ne szólj szépet, kedveset,
ne gondolj más bajára.
Ne segíts és ne remélj.
Haragos tűzben legyél,
gyűlölj, ölj mély panaszban.
Félelembe ragadtan,
rettegéssel ölelten.
De kiút a Szent Isten,
csak ő menthet, senki más.

Az ő lelke körbeás,
lesáncol és szóval véd.
Imát és Igét készít,
és ha minden órában
hozzá fordulsz mély lázban,
ő a kínzót feladja,
elküldi, utasítja,
s átszennyezett lelkedet
fénybe vonja sötét helyett.

Fényben

Festett üvegkép a viharban

Katonakabátra
mordul az eső.
A szegről leakasztott
mosolygó derű
mégis rajtamaradt
a konyuló szegen.
A szélviharban
széttört üvegen,
a lóduló ablak
csörömpölt zaján.
Monet feláztatott,
csattanó szaván
megfestett, örökzöld
szél esernyőjén.
S a szilánkok csípős,
kristályos hegyén,
összeszedett markom
görnyedve hasal.
Ezer darabra hullt
éneklő angyal
a megrokkant, ezerszín,
világhírű roncs.

A benyomás viharán
átlendülő konc,
az impresszionista,
lengő lepedő.
S a rét-színekre bomló,
pompázó redő
üvegnyomatát
a puszta lerázza.
A Hortobágy elsöprő,
puritán láza,
kakastombolással
hördülve tapos.
Szürke taréjon,
kopaszszürkén mos,
s a vágtató huzat
öt hátára áll.
Száz évvel idősebb,
fúló szélt talál
habvirágos ruhán,
zöld esernyővel.
Csilingelő ékkő-
s csipkeszegővel,
a makrancos fényórák
kimunkált karján.

Sok ezernyi óra
ecsetvonásán,
az elsöprő győzelem
művész-erején.
S a két vihar meglobbant,
vas-zöld keresztjén
felfutó álom mégis
gyászra lel.
Hadba vonul,
és szilánkot seper.

A pusztai tavakon

A katica-sás parancsán
megőszülve bong a szél.
Narancspiros hulló vér
csipkézi a rózsákat.
A bogyók fürtje zuhatag,
édesvörösben omló.
A csillagparton kaszáló,
a víz tetején arany ég.
Sárga sziromlepedék
nyeli el a hangokat.
Vadludak s napfényes pad
döngeti a kebleket.
S a szélben sötétkékmeleg
csend zárja a sorokat.
Rajta jégmadár kutat,
s bólintó mozgással néz.
A körbehurkolt tócsengés
ropogásban visongó.
Festett türkizben csorgó,
édespiros robbanás.
Szárnyra kapott csattanás,
fekete s fehér hattyú.
A megbillenő ezüst tó
vad ámulattal szórt rét.
Víz alatti menedék,
víz feletti karcolat,
melyen öreg kéz matat,
s festményét megörökli
az ezer szín, mely élteti.

A Föld úrnője

A kalandok fényén
minden hang repül.
A tökéletes úrnő
most megsebesül.
Fekete hajáról vad
harmat csorog,
palástja fenyőkék,
megcsomózott csók.
Ajkára simulnak
a szúrt fellegek,
álmára kiszáradt
fények felelnek.
Dongórajba fullad
sáros köpenye,
lelke most bilincselt
nap égő tüze.
Szemén gyulladó kék
ásványpír hasad,
koronája forgó,
elátkozott pad.
Haragos szava vér-
kínba zárt hamu,
koromfeketére
égett száz falu,
pipacspiros csepp
és hófehér halál.

Büszke termete most
kigúnyolt határ,
betemetett ének,
kivájt esernyő.
Életének odva
lezárult mező,
kiszáradó liget,
átrepedt mocsár.
Lelkének hangjára
sötét karom vár,
kigyulladó hajnal,
s üszkösödő víz.
Levegője gennyes,
sírfehér penész.
Szépsége végtelen,
széthasadó seb.
Bolygója a hazug
árulók közt leng,
hol fekete haját
új világ köti,
hol a koronáját
új kéz pörgeti,
míg ő elsápadó,
lila foltokon
új hazát keres
a kéklő Tejúton.

Felébred a sors

Hamar felébred az ég,
hamar felébred a sors.

Ollószagú vas mardos
a becsukott szemhéjakon.

Torzóláng a gyutacson.
A kiégett szín reménye.

Fészkek között mímelve
álarcos batyu zizeg.

Minden emlék csak félszeg,
összegyűrt ezüstpapír.

Csomagoló, vékony hír
jut át a szív palánkján.

Kimeredt, tüzes szakáll
hódítja a lárvákat.

Az éjjel belém száradt
ezerízű hányadék.

A hajnal oly élesen ég,
akkor tisztul a homály.

S az igazság képe már
lassan elviselhetetlen.

A kibojtozott edények
rézfalukba pisilnek.

A sár feneketlen réteg,
állva életet törő.

– Tudom, ki vagy, álszent nő!
Tudom, ölni akartál!

Az életemre pályáztál,
rám fented a fogadat!

Hazug lelked ördöglép.
De sírodat megásod,

mások helyett magadnak.
A fekete szemű ablak

nem bírja a fehéret.
A te szíved is mérgezett,

s ahogy az Ige tőrt talál,
elesel a lábánál!

A repedt falú tél

A fehér szél tócsákat figyel,
s hallgat a csíkos, sárga holnapon.
Minden kopaszkék, kiránduló nyom
elrejti mélyen izzó parazsát.
Haragból harag dúdol szőtt csatát
a kemence-éles, páros rostélyon.
Házaló a hír, ütköző a por
a virágcseppentő hófelleg felett.
Mint az ékesszóló, rongyos képzelet,
olyan fukarzöld patak kásája zeng.
Selypítősárga levesén mereng
a repedt falú tél összes dugója.
Mégis, csip-csup, csorgó, bő víz otthona
lesz a reménykék salak vörösén.
S ahol már a levél halott csókot int,
oda fúrja föl rókapanaszát.
A felhőkre tekint, majd elássa magát.

Lélekcseppek

A zöld aranymadár dala

Topogó lábakon,
lemerült éjben
felsikolt egy zöld
aranymadár.

„Kincsemen fészkem,
fészkemben éltem
mára zokogó,
füstkék-halál.

Aranyló kertem
bíbora, szárnya,
kikelet-kelő
kékség helyett

barnába őszült
jegenyehosszú,
felőrölt morzsa,
égetett seb.

Óarany vérem
napsárga fénye,
sugárzó déltől
délbe folyó,

tündöklő sárga
napfolyam helyett
most csak lefogyott,
szürke sarló.

Patakzó könnyben
elázott holdról
éjsötét csepp
cseppenő tava.

Fekete énekre
dallamfekete
égetett dalok
vérfonala.

Aranyló-narancs
s rózsaarany-fény,
reggeli harmat
a harmatos fán,

csak múló emlék
szárnyain zsongó
zsenge virág,
egy hant virágán.

De piros vérem
kéklő aranyba
öltözve majd
a csillagokon

új éjbe röppen,
s repülve készít
mennyei fészket
zöld tollakon."

Édesanyám

Meghorzsolt az élet
sajtos kenyere.
Simítása lisztes
vajjal volt tele,
puhasága nyújtott
tésztával hevert,
aranysárga morzsát
pirítva nevelt.

Fakanállal karcolt
széleket lopott,
barnára sütött hab
tetején csókolt,
s keverte a tejszínt
forró reménnyel,
átszúrta villára
felkötött fénnyel,

majd dagasztotta ráncon,
puhán szárítva,
éneklő ruháját
köténybe mosva,
s felkarolta pöttyös,
dundi kezemet:
a legjavából adott
sajtos kenyeret.

Ajtó

Karcolva sebez, s foltos öklein
márványrajzos az ütés helye.
Rekedve sújt. S méltó ereje,
mint bőszült bika torzóteste,
oly nyikorgó, lángverte lánc.
A hatalmas lépés, melyben kószálsz,
már kétezer éve felfeszített.
Káromlás lábába égett
rugdosás vicsorán fajult.
Bő tenyérrel elszabadult,
pezsgő erdőtűzzé vadult
indulat hergelt hulláma.
– Csapd és vágd! Mosolyporába
király ül, posztóruhába'!
Fehér feje, sima csontja
így dicsőül angyalpózba!
Mentse magát, ahogy tudja,
hisz' ő az Isten utódja!
Itt egy száraz rózsadudva!
Tekerjük csak! Egy korona
tűztekercses gúnyos tornya!

Ó, mily' szép! Nemes rokolya!
Tövis, tövis a rút homlokba!
Nyomjuk bele, lám, már csordul!
Piros vérén ördög koldul!
Hajítsunk rá rongypalástot!
Vöröset, bíborszikrázót!
Ó, királyom! Fenség! Ha-ha!
Hajlongjunk csak kihátrálva,
hisz' a zsidók fejedelme
trónján csücsül bélyegekbe'!
És az ács már meggyalulta,
míg kilencág-korbács zúzta,
s a keresztet megszögezve,
fehér testét betűzdelte
a bűnök tűzlajstromába,
a gúnnyal köpött kíntanyába,
hogy a lépést feléd nyissa,
s kószálhass az örök porba.

Ne emlékezz!

Karszalag és zafírtej.

A lelkem odva meglékel
minden olcsó magzatot.

Kirángatott, kis burok,
kiszippantott, törpe gyík.

„Nem kell! Teher lesz ő még!
Egykettőre forrasztjuk!

Ha kell, megdaraboljuk,
hiszen csak egy sejttömeg.

Szabad leszel! S a méhed
vak gyümölcse elhamvad.

Röppen, emléket sem hagy,
s te élhetsz újra boldogan!"

„Hogy a lelked megzuhan,
míg gyermeked fél, vacog,

hogy a csepp láb kavarog,
húzódik, küzd, sikongat,

hogy a szíved meghasad
és soha be nem gyógyul,

arról nem tudsz. De ahogy szól
a mondás: csak a tudás fáj.

Átugrod egy deszkánál,
kikerülöd, elrejted.

Tükröt nem néz a szemed.
Minek is? Hisz' döntöttél!

Az abortuszba pénzt öltél,
kidobtad, elvetetted.

Lesz majd újabb gyermeked,
persze, csak ha akarod.

Addig élj! Vígan hazudj,
kacajt szólj, humort cselezz!

Egyre vigyázz: Ne emlékezz!
Ne emlékezz, hogy megölted.

A saját véred. A gyermeked."

A bál

Megfordult a szilveszter
ragyogószín pipacsa.

Minden mese köddé vált,
s színt húzott egy oldalra.

Minden írás elröppent,
hogy ékkőbe forradjon.

Minden ének elhamvadt,
hogy szálljon új szárnyakon.

Minden történet keze
elúszott a völgyekbe,

minden aranyszélű csend
port csiszolt egy felhőbe.

Minden pír és csillanás
messzi égre utazott,

minden felnyíló varázs
ezer színre kallódott,

hogy aztán összegyűljön
táncruhában, szikrában,

feldíszítve fogadjon
gyémántozott ruhában,

s körbeüljön, felkérjen,
elkísérjen, szeressen,

hogy ékkőként ragyogva
mindig benned élhessen.

Ott várj rám!

Kitekintett rám a tél.
– Ott, a messzi zsöllyénél,
ott várj rám aranyfűzben!
– Ott leszek, megígérem –
mondom neki duzzogva.
– Ó, ne légy most mogorva,
a múltkor sokáig vártál,
de szakállam olvadt már,
fehér hajam elernyedt,
s lekéstem a hű percet.
– Megértem én… – fordultam
el a könnyes sarokban,
mert tudtam jól: a tél szeret.
Nem hagy cserben engemet.
Ám már kétszer ocsúdva
vártam rá a fűporba,
mert a tél el mégsem jött.
De most szívem megbökött,
s mosolyogva-lódulva
nézett a fűzfasorra.

– Tudod, nagyon szeretlek!
S rád várok, míg szenvedek
és hangodat hallgatom.
– Ott leszek fehér kupacon,
dérben, csengő csillagban!
Pelyhet fújok avarban,
szállingózó csengettyűt,
fagyott gyöngyöt, jégpengőt,
aztán balzsamtakarót.
Rád borított hógolyót,
édes cukorfelleget,
vöröspiros meleget kipirult
fénycsúszdákon!
Porcukorfehér-vászon
színű, szikrakék jeget!
Viszek neked serleget,
kásahavat, hózáport!
S a tél, ahogy hozzám táncolt,
hangja csengett, lobogott.
S bennem új remény dalolt,
és vadrózsaszín izgalom.
– Tél, tél, kedves! Még hallom
most is égő hangodat!
S eljött a kék pillanat,
eljött édes-csobogón.
A fűz ölén, a megállón,
a találkozó színhelyén.

S míg vártam a zöld tövén,
a lenyhe-lanyha dombokon,
az olvadt, széles padokon,
a nedves, cselló ízű fán,
a fűzringó kicsi hintán
lengve, bukva, csordulva,
a könnyem hullott a porba,
a sírás atyja kergetett,
lehajtott arcom megeredt,
mert tudtam immár koldulva:
Nem jön a tél hozzám soha.

Örökség

Harangozó est zenél
a topázfényű árnyakon.
Repcesárga illatnyom
bukkan fel egy serlegen.
Kőporos, mély hegeken
présel át a cél súlya.
A gránitkemény marokba
ecetpiros láz dagad.
Minden ócska fuvallat
most merő szín és formaság.
Messzeségbe tűnő zsák
összeszürkült foszlánya.
Összeesett világkép,
zsugorodott valóság.
Minden zaj és zöld lármák
fehérített ereje.
Papírrá vált életbe
beborított füstgomoly.
Kerek, csomagolt bodor,
gyújtóssá gyűrt sorfecni.
Golyóbissá gyúrt vekni,
tüzelhető foltpapír.
Újságfényű szürke tér,
értéktelen, elhagyott.

S ezt a bárgyú világot
mégis merőn kémleled.
De ott nincs már belőled
semmi sem. Ez csak salak.
Porrá eső színdarab,
hamu, por, por és por.
S ha szemed ettől elfordul,
hátad mögött nyílik már
az öröm, mit még nem láttál,
a béke, mely még nem talált.
A menny világa halad át
porrá égett szíveden.
Az újságpapír kerteken,
az ócska papírházakon.
Papírbábu sorfalon,
papírbábu emberen.
Ám a nyíló menny körül
zsongó remény zenéje
már ezer színben tekereg.
Szíved helyén átlebeg,
s e Jézussal betöltött űr
marad neked örökül.

Árnyak közt

A boszorkány dallama

Halottak járnak,
boszorkány zenél.
Roppan a fa,
s a zongorafedél
feletti árnyék
felettem suhan.
Hideg szele mozdul,
átlép, megmoccan,
keze nyújtózik,
hátam alá ér.
Valami dübben,
koppan, méricskél,
s szemem előtt vastag,
habfehér fény száll.
Közelébe nyúlok.
A fal hó-fénysugár,
mintha az egész
hold benne égne.
Ám mikor újra nézek,
csak szürkésfehérre
mázolt, derengő
boltív álmodik.
Felkelő testem
csak némán legyint,
majd alszik tovább,
kezében Biblia,
s Igébe zárul
a boszorkány dallama.

Magyar a szó

Jéggel hasított patak
szeli át a kék eget.
Rajta vörös lobogót
húz az égő kikelet.
Aranybarnát, fényeset,
rőtrózsás, vér-csillogót.
Magyar vérből kihajtott,
édes hazán csillámlót.
Petőfi hű fia vagy!
A föld, a haza benned él.
El nem hagyható a föld,
melynek keblén születtél!
Hol a lábad gyökerét
az édes otthon ringatta.
Mit adsz érte cserébe,
Petőfi szép magzata?
Magyar a szó és a tánc,
magyar a szó: szeretlek.
Mit tanított édesanyád:
magyarul szól életed.
Ez a föld benned él.
Őseid kiáltanak!
Hogy őrzöd az otthonod?
Szülőfölded most is tart,
táplál. Itt van a helyed.
A kiharcolt rögök közt,
és ha mégis véred kell,
az anyád lesz a magyar föld.

A jéghegyek imája

Imát kér a jéghegyek
száradókék zubbonya.
A félveres napgyűszű
mérget fon tarajukra.
A zöld és rőt emberi nyál
féktelenül lecseppen.
Alatta korhadt madár
ül fekete fekhelyen.
A brilliánskék gleccser
üvegzöld fényaranya
helyén odvas gáz prüszköl.
Az akarnok-ember, maga.
Mondd csak, végignéztél már,
hogy kezed helyén mi termett?
A lugas helye vadpiros.
Havat meg sem ismerhet.
Édes, élő jégtenger!
Hóbársony, szűzfehér ég!
Pelyhekkel pusmogó szán,
üvegfehér, kristálykék,
forrástiszta vízharmat,
gyémántfényű, csillogó!
Merre lesz majd országod,
hol borít fehér takaró?
Hol vágtat majd hátadon
a végtelen fagyba fújt szél?
Hány tükörhegy imája
olvad el, míg mennybe ér?

Telihold éjfél

Csobogó élet feszíti kezét,
s rántja le az éles, munkált
hajnalon. Piros és töpörtyű-
barna szél mesél az ágakon
dúdoló, metsző szájakon.
Levendula, írisz s ezüst-
tej topázfény ringatja
a szárnyak hollókattogását.
Karamellbe vedlő fűzfa énekel,
s őrzi a suhogás lila varázsát.
Apor-arany sóban viharzik
a mentes, meztelen csillagos,
sápadtsárga ég. A hold udvara
fehér, északcsíkos, könnyű,
kipárnázott galambröpítő fenség.
Hanyagpiros arcom feketébe
csordul, s belőlem ropogva
futólángra száll az elsuttogott
éjfél mátkaindulója, a kézzel
megröpített, villámló határ.

A nyár egén

A felhőkabátos,
kékdongájú ég
megcsavart vizére
fénycsicsergés ég.

Fekete, cikázó,
ében tollakat
csókol meg a szélben
rezgő fuvallat.

Ahány kecses árnyék
szálldosva vonul,
annyi hófehér
csendülő hang dalol.

Ahány csendszalag
fényes röpte rezeg,
annyi béke-hajnalt
szólít száz felleg.

Amennyi a légben
karcolt alkonyat,
annyi színbe olvad
a repülő fogat

s amilyen sötétre
dúdol fényt az éj,
oly kacagás szárnyal
a nyár égő egén.

Tizenkettedik Jel

Tócsa-piros most az ég.
A levendula már nem kék,
csak átlátszó, színtelen.
A sápadt fény elgyötörten
kószál, majd kettétörik.
Az ég hasa gömbölyödik,
meggörnyed, majd kisimul.
Rá rettenet fátyla hull,
tudja, hogy halálba ér.
Majd új görcsben feleszmélt
izzadásban hömpölyög.
A nap fátylába nyöszörög,
s látja a vaskarmokat.
Fiút szül. S ez a tudat
könnyeivel kötözi.
A sárkány morog, élvezi
a fájdalom minden ízét.
S a vonaglással elkísért
fényes ég újra vacog.
Habzófehér angyalok
sorakoznak rekedten.

Ősi szájuk meredten
halk imába csendesül.
Az ég vibrálva megfeszül,
s tolja-tolja kicsinyét.
A ravasz pata hozzáért,
már várja, hogy lenyelje.
De a bíborhas helye még
gyémántos kínba fúl.
A csatorna még most tágul,
s a menny énekében remeg.
Felüvöltő reggelek, majd dél,
aztán az éjfél.
Az ég közepe gödröt ér,
s lángpiros vérbe cseppen.
A hajnal tűző fényében
nyomja ázott magzatát.
A fekete száj nyitott hát,
mélycsattogó vastorok.
Nyeli, szívja a csámcsogott,
megszülető gyermeket.
Ám hófehér seregek
lobbantják fel a napot.
Izzófehér fényhurok
öleli a születést.

S az ég utolsó görcsétől
megfosztott kín kitárul.
Születő fiút ápol
a bírhatatlan fényesség.
Az ördög szeme vakon ég,
csattog, harap, szúr, prüszköl.
De a gyolcsfény rejtekül
szolgálja az ég Urát.
A Megváltót, a régen várt,
földre lépő kegyelmet.
S ahogy a csillag fényes lett,
a vörös tócsa feloszlott.
Az ég mélykéken ragyogott,
s a napba öltözött asszony
teste végre megpihent.
A fényben Istennek felelt,
s kisimulva suttogta
Jézus nevét a jászolba.

Y híd leszek

A levegő most olyan csiklandós.
Hűsítő, famentolos.
Szemem alatt gyertya ég.
A vörös szélben fellobog
a pipacspiros, vad turul.
Szárnya hetedhét-határ.
– A tűzben majd feltámadok!
Kék tollamon csurgó nyár,
hajamon aranyfészek. A nap
ide-oda ugrál. Elkapom és
megeszem. Szemem nyúlós
fénysugár.
Tekeredik meggyúlva,
majd felröppen az élet.
Ezer bíbor esernyő közül
egy kifehérlett. Pompakék
a fickós ősz, zamatán
kacér kontyok. Csókja
huzatkeringő.
Sárga pipacshuzalok
hangja víz alá csusszan.
A mélység korallszédítő.
Fellüktet a rózsaszín,
végtelen, csendes mező.

Őrt állok az alkonyon.
Egyik lábam holdat fest.
Tudom, most verset írok.
S ha most előretekersz,
a másik lábamat látod
a naplopó, narancs égen.
Bordópiros vaj füröszt.
A kezemmel megérintem
a Föld veretes csuklóját.
Csatorna és híd leszek.
Ezer színnel kötöm át
a fényéggel a tejföldet.

A menedék helyén

Elbújnak a keresztek.
Furcsán égő levelek
söprik össze magukat,
s füttyös ízű madarak
sárgulnak a melegben.
Bronzkopogó levében
fürdik meg a lopott tűz.
Ércsárga menedék űz,
s öntöz darázsszavakkal.
Földbe kapart lyukakkal
billen meg a rét súlya.
A keserű sarokba
odvassárga fény vihog.
Mint a pörgetett dobok,
olyan gyorsan száll a táj,
s a hófehér gólyamadár
vad emléke nyílt titok.
Füstezüstös oszlopok
s lábon járó olvadt szél.
A narancsfelhő nem remél,
mégis rózsaszínűt les.
Rozsdabarna fényt keres,
s térden állva könyörög.

Nappiros tejsürgönyök
érkeznek a vonattal.
Hírhozó hatfogattal
száguld minden pillanat.
Olajozott fém szakad,
s vöröspiros lázban zeng,
míg nyílveres lapáton
szélkerekek porolnak.
A rézsútos, vaskék ablak
alatt babszem kiabál,
s a tündérszép királyi pár
minden Jankót felkeres.
Tömöttsárga a kehes
darvak festett serege,
s a mezőkönnyes serlegbe
becsordul a rőt harmat.
S míg a tavak zuhannak,
a tűz kígyója fellángol.
Halott levélen táncol,
majd kereszten hömpölyög,
míg a messzi, nyúlt rögök
fehér hantján porig ég.

Vakság

Rongyos élet

Az égen sok szárított
holdsugár pereg.
Cserépcsicsergéssel
zúgó fegyverek,
átokcsacsogással
cseppenő eső.
Kiszakadt belekre
ragadt, vérengző,
ragadozó-éhes
szőrcirógatás.
Bebugyolált kígyó,
sziszegő sugdosás,
ép talicskavégen
felemelt erdő.
Elgurított hegy,
vasvirágos mező,
elszeletelt, néma,
lobogó fészek.
Csücsörített kannán
átöntött méreg,
csavaros-takaros
gyűszűnyi kupak.

Csipetnyi salakkal
kifőzött harag,
indurka esernyő,
pöttömnyi vihar.
Mézesen csomagolt,
elátkozott jaj.
Alumíniummal
ezüstözött kép,
barna borítású
óarany mesék,
csillogásba zsúfolt,
eleresztett gát.
Selymesen hömpölygő
megfulladt csaták,
hangos citerákon
kidúdolt halál.
Egy doboznyi élet:
édes rongy, ami vár.

Csodálatos tél

Eltávozott tőlem,
s mélykék lett a tél.
Zöld aranya bíbor
s ezüst tejpillér.
Álomszép kabátja
rézzel szőtt üveg,
csillagpalotája
gyémántrengeteg.
Balzsamvilágában
selymet fúj a szél.
Felpirosló fények
vörösén zenél.
Harangharmatában
mézkristály rezeg,
csókjában violát
rózsák metszenek.
Cseppjeire szirom-
fehér éj borul,
lámpásain gyöngyös
csillogás zúdul,
s azsúrozott olaj-
zöld csend-aranyán
simítja le haját
hófehér csodán.

Csendélet

Gabonát köt egy buzgó virág.
Masnija szélén lencsipkét rág,
díszítősorral, száz szegéssel.
Örökzöld bordó lombrezgéssel
futtat elrejtett, húzott öltést.
Kimunkált, gondos, szorgos kezét
aranyló ízlés ébresztgeti.
Csavart fodrait megszínezi
nyárlila, bíbor s kék mintával,
majd barna rózsa és vadrozsdával
árnyalja galambszürke alapon.
Tulipánpiros sóhajokon illeszti
fűzött szélrengéssel, s az örömóda
lépteivel harangozza azsúrláncon.
Szénfekete koromszálon emeli ki
a tónusokat, s a mélyre ható vonalakat
tompa fénnyel aranyozza.
Itt-ott fehér reményt oltva
választja ki fonalait, s hímzett
sziromszalagjait nagy köríven bontogatja.
Így málna és meggypirosba öltözött
dús fonatokkal, majd füstzöld
és ezüstporral szórja át, hintett békével.
Végül búzakék zenével csavarja
körül fénysugárral, s a megkötött
csokor varázsával az érett búzát
ecsetláza égről szakított, kék mázba
fürdeti át gyors dobással,
s hullajtja eléd pörgő tánccal.

A festő keze

Hanyag a vászon. Zöldülő ecsetek
repesztik újra a megmart kezeket,
holdkóros éjjel vak tenyere
hív egy sápadt vonást elkenve,
sőt, buzgó kanyarral, lendület-ívben
már forr a nap a piruló égen,
s lelketlen tőrét szuronnyal döfi.
Ám a mester színét megtöri,
s aranybarnába mézzel karcolja.
A pompa most dobog. Selyemazsúrba
piktorvörössel halkan engedve,
az álomszürkét picit rezgette,
aztán óvatos füsttel lohasztotta.
A szemet narancsos díványra koldulta,
melyen királykék hölgy pomádézik.
Függője lendül, kacaja érik,
s hamvaszöld kalap bordó szalagján
ünnepli magát. Ám előtte áll
egy talpig kivikszelt, pecsétgyűrűs úr.
Rajta a fény sugárban borul,
s rózsaszín foltok kertjében mereng.

Mint az égő pipán szívott lehelet,
oly tüzesen izzó, mélázva villogó.
A férfi a képen nyíltan bókoló,
s virágok édes szájával üzen.
A kert nagyszerű. A lombok teljében
az ecset kevert szín ezrével sikong.
A nő bájos arcán kis ecsetnyomok
villantják elő a kért merészséget.
Ám a vihar, mely mélykékre vérzett,
meghiúsítja a beteljesülést.
A pillanat ragad, a festmény majdnem kész,
de a művész keze csiszol, rostokol.
Most a lelkét önti a megmart ujjakból.

A bíró

Vadító kék felleggel
üvölt fel a hollónyár.
Minden ház romos kővár
a fekete, vad kéményen.
A galambszelíd reményen
vérző ajtók pusztulnak.
Sivár a fény, koromszag
éget halálos sebet.
A vakító, fehér eget
borostyánkék nap fedi.
Korongját áttördeli
a szélvészbe zárt förgeteg.
Minden harcban ott rezeg
a fekete-fehér indulat.
A gyolcsküszöbön száz vonat
gázol ezer halottat.
Elemésztő a tudat-
éhes, fanyar ítélet.
Bíró, aki feldönthet,
bíró, aki melléd áll.
A pulpitus botja már
olyan régen kopogtat.
Nincs rá szó, s nincs gondolat,
mely a szívet nyithatja.
Piros viskó, naptusa,
s éjfélsötét seregek.
Azt hiszed, nem lebegnek
mindenféle alakban?

Igen, a gyűrt sarokban,
igen, a kezed mellett.
A suttogás beléd nevet,
a karcolat már szádban forr.
Igen, árnyak szájából,
igen, a tőrt kihúzva.
Piros, kifent bugyorba
kimetszett szívdarabbal.
Ki a bíró? Az udvar
már könyékig olajos.
Bűzös, poshadt, áporos,
kendőzetlen röhögő.
S a sínek mentén könyörgő
lelkek hozzád beszélnek.
Piros szavakat tépnek
még pirosabb életen.
De a hurok rekedten
mégis vak bírót keres.
S míg a szemed nem üres,
átláthatsz a szitákon.
A menny bírója nem zátony,
nem faragott kőbálvány.
Az Isten, aki reád száll,
aki reád köntöst ad,
s a százezer véralak
susogását tekerve,
hófehér Igébe köt
a bíró székében ülve.

Légy Özvegy Fia

Konda, konda, mit remélsz?
Füstöd meddig énekel?
Koporsót érint a kéz.
Falkád meddig térdepel?
Ajtódon hány népdal ég?
A kéz megilleté őt.
A lábadon csoszogó dér
olyan régen eltörött.
Anyát hányat karmoltál?
S felült a meghalt fiú.
Csörög-zörög lelkeden
a disznóorrú talpaló.
Mennyi táncot csokroztál?
Szép, legénykék patádon?
S átadta az anyjának
könyörülő fohászon.

Haj! Horda, ezerszájú!
A vértenger meddig vár?
Sok kénparázs könyörög.
Konda! Lelked mire vár?
Szőröd-csókod mit lopott?
S csodálkoznak a népek.
A szakadék mennyit öl?
Hány dalt foszt meg az ének?
S híre ment Júdeában.
Nosza, kergesd lábadat!
Konda, konda! Addig élj,
míg fuldoklik a szavad!
*És még a tengeren túl is
keresik az Ő nevét.
Elterjedő híre szállt.*
S kondát falt a rút fenség.

Kérlek

Egy ezerarcú pillanat

Kagylóhéj és csipketánc.
Karcolatból kiforrt lánc,
tüllvirágos esernyő.
Baracksárga fénykendő
lágyan omló permete.
Olajos bársonykertbe
ültetett bimbórózsák.
Finoman porzott szikrák
édesmeleg tengere.
Porhanyós, csendzöld zene
fuvolaszín azsúrja.
Zengő-búgó bársonyba
átültetett suttogás.
Elsuhanó fátyolfák
csilingelő himnusza.
Csókot lehelő porta,
madármeleg ébredés.
Leívelő cseppenés,
csepegő cseppkőszalag.
Elmosódó napfonat,
napsugár-repített szél.
Alkonypuha, sötét, mély,
körbefutó estszállat.
Harangarany csendpárlat.
Indigóhajnal-mese.
A lebegő fény ereje,
ezüstszikra csillagzat.
Ahol az örömszórt harmat
lámpásán az ég zenél.

Tükörjég

A kiforgó keleti ég
táncába tűnt a reggel.
Korcsolyázva fagyott be
a fényt ölelő tómeder.
A csillogó ezüstlapok
folyója szélvész kifutó.
Lángfehér s mégis hideg,
akár a villámló hó
kristálykék, ezüst vize.
A legendás, zöld szélkanyar.
Végtelen, batisztfehér,
horizontkék, csipet zaj.
Súgó, búgó suhogás,
darvakkal szólított ég.
Szállingózó kortyokban
felaranyló kútmélység.
Szélre rádőlt lélegzet,
röpülő, Anna-piros.
Megrázó, jéggel ölelt,
korcsolyázó csendszoros.

Az igazság kiabál

Már gombot talált az ég,
s vitorlázó selymeket.
Sötétkék jégpáncél fed
ónfekete hattyúkat.
A nap csúszik. Azúr hasad,
s a törött fényre rálépek.
A jég megtart. Vaslidércek
koppanását hallgatom.
Fehér hattyú is oson,
hümmögve-dörmögve fúj.
Talpam alatt jéghangsúly
billen rá a tollakra.
A dér csípett fényhangsora
feketében lépeget.
Megvillanó rebbenet,
dübbenő, zöld áramlat.
Gigi[2] szalad, s míg futhat,
az igazság kiabál.
Bárányfehér és kék sál
fonódik rá Lalára.
A fekete hattyút bánja,
a hófehéret szereti.
S az almafény hófellegek
minden érzést törölnek.
Fekete tavon ülnek,
fehér zenére hágnak.
S míg báránybőrben fényt ráznak,
az olcsó ég már léket kap
a forró csók jégoltárán.

---

2 Utalás Szabó Magda: Tündér Lala c. regényére

Törékeny fagy, éhes kenyerek

Törékeny fagy, éhes kenyerek.
Zsebvándorszag. Úszó leletek.
Pikkelydráma. Fehér ajtópír.
Dobozfelhő. Gágogó melír.
Épületrög. Fenyített kelet.
Sok kacsajég vesztett életet.
Háborgó dög. Csillagcsúszda-fény.
Hold nélküli nap. Felhőtlen esély.
Libalábon forgó, kisminkelt üveg.
Szatíraszerep. Lajos-érdemek.
Figurázott retye, rutyagomolyag.
Tündérrel feszített lator-csillagzat.

Griet

Nincs kiút

A páfrányégre halál vert.
Zuhogó eső kötöz.
A kihagyott ajtó penge.
Az éles tó vért öklöndöz.
A kapukon nyíl virít.
Hófehér tízszárnyú száll.
Az avarba drogot szúrhatsz.
Hetvenhétszer halál vár.
A repülőtaxi sortűz.
Az éjfél buta csillag-tor.
Űrméregből dal zenél.
A hányadékod porcukor.
Kézzel írsz, és papírra?
Földszennyező, rusnya dög!
A vád pénzéhes koldus-szél.
Keselyű-hiéna lök.
A kutyaürülék mart szesz.
Fölötted zsírhold koszog.
Az ablakon kék rendőrkéz.
A zsinór végén halott fog.
Forró, égett perec sújt.
Hatszázhatvanhat kereszt.
A hazug földön nincs kiút.
A rés rózsaszín. Elveszett.

Isten leszel

Kirándulóvonatok mentik
a sápadt kegyelmet.

Törékeny fűzengés kelt
északpiros dallamot.

A fénysóvár felhőburok
kirázza a holtakat.

Megforduló ököl csap
minden felkent asztalra.

Bohonya térbe zárul
a bársonymohos kőrendszer.

A csillagfénybe rejtettel,
a holdfény-rejtett udvaron.

A galambot sodró napon
tüzelnek a gyémántok.

Derékkoszorúba font
hajviselet ezüstöz.

Diónyi sár, pörgő tök,
vajbarna lekváros méz.

A párába csak beleírsz,
s már repülő taxi vár.

A bolygók közé nem jut más,
csak az öntelt fegyelem.

S hogy ott nincs kegyelem,
az régen nem érdekel.

Istent hívsz, isten leszel,
kísértésed egy hajó.

S az oda lépő haldokló
saját sírját röpíti.

A Holdra, Marsra elküldi,
a saját esze nem hibáz.

Időt teker, zárat ráz,
új életeket keres.

Pedig az Isten mennyét
csak kegyelembe láthatja.

Ehhez pedig mély hit kell.
Nem a világűr bányája.

Megszállottak

Kovácsot nyert a zörgő köd.
Hajlítva küld ezer rögöt
a csobolya-korzó vad sétányán.
Öklel a bika, s bor-kormoránt
hajlít a kocsma alatti híd.
Nyáladzó üveg és golyólencsét
himbál a folyó, sok száz alak.
Árnyékok zöldje a szürkén hasalt
ragadó holtak villámszemén.
Köpenybe zsúfolt lobogó kén
szitálta üröm és fekete lyuk.
Vérszívó csődör. Lefátyolozott,
hályogba néző, véres vödör.
Pokolra jutó, itt maradt lelkek
bolyongó, forgó vasviasza.
Belőled szívó, életet húzó,
s nyújtózó karok sugallata,
gondolatkörző, űző pokol,
szarvak és szemek vad ördöge,
mely rajtad és benned,
feletted trónol,
s mocskolja lelked feketére.
Hol van az Ige? Hol van Isten?
Lehet, hogy melletted áll kiáltva!
Vess rá egy szót, szólj egy imát,
s ő akkor fénnyel ledarálja
a hályogos szemet, vasvilla tőrt,
a rád szálló ördög hét fegyverét,
a dérsárkány hízott,
vastagon nyálas,
kúszó, s megcsaló bűztörvényét.

Ellopták tőlem a napot

Ellopták tőlem a napot.
Forró a sár, de éhes.
Kanalam felét elhagyom.
A rozsda megmart, fényes.
Fölöttem hintázva dermed.
A folyó egy betört tégla.
A rajzom órákig szenved.
Dadog a tűz martaléka.
Sok örvény fogta be vérem.
Kondorkék, csörgőzöld, sárga.
Illan az átlátszó híd.
A könny az avar barátja.
Porcelán, csukott ajtó.
A bőröndbe sok zene fér.
Kecsesen hajlik a tó.
Még zsibbadás közben is ír.

1998-ban írtam az első karcolatokat, szikrákat. Ekkor még csak egy-egy sorban villant meg az a belső, már korán kiforrt képzeletvilág, amely gyermekkorom szabad boldogságában bonthatta ki szárnyait és szilárdulhatott egy érett, zenében és színekben roskadozó térré. Egészen finom, törékeny és árnyalt belső érzékeléssé, amely mélységeket és eget is túlhaladó magaslatokat érintve tette lehetővé, hogy szavakkal fessem meg azt a láthatatlan festményt, amelybe mártózva az olvasó egy számára új, különleges dimenzióba röpülhet.

Hiszem és vallom, hogy Isten áramlata, ereje és lelke ültette el, majd mozgósította bennem azt az életre kelt belső világot, amelyben az Ő kincsei tárulhattak fel. Tudom, hogy nem az én érdemem, hanem az Övé minden fény, hang és csendület, amely bennem megszólalhatott. Így ébredtem rá, hogy verseimben – szélesen átfogva az érzelmi, lelki, szellemi horizontot és vertikális határokat – mindig a szépség katartikus emelkedettségében válogatom szavaimat.

Elutasítom a mai világ prűd, „letisztult", a válságot mocskosan, semmitmondóan leíró, a katarzist botrányra, megbotránkozásra, mérgezett gúnyra és ingerként használt undorra cserélő „modern" nyelvezetét. Verseimben ragaszkodom – még a mély, válságot tükröző írásokban is – a zenei hangok és formák megjelenéséhez, a zenei rend és ritmusvilág színekkel átitatott harmóniájához, a kiegyenlített érzelmi és értelmi párhuzamokhoz, az aranymetszés Istentől kapott ajándékához, a kézzelfogható megjelenítés festményszerű ábrázolásához, a felsorakozó szín- és ritmusvilág lélekgyógyító, ősi erejéhez, nem mellőzve az éles kontrasztok és ellentétek átlényegítő szerepét.

Mindezt szavakkal írva, szavakba öntve, szavakkal formálva. Olyan szavakkal, melyek a világon egyedülálló, semmilyen formában ki nem fejezhető értéknek és kincsnek, drága anyanyelvemnek, a magyar nyelvnek párját ritkító gazdaságában rejtőzhetnek. Célom, hogy verseimmel az emberi lélek épülését, gyógyulását szolgálva, ezt az örökségbe kapott, gyönyörű szókincset megőrizzem, azt tovább gazdagítsam, azzal jól sáfárkodva, azt a leendő nemzedék számára még fényesebben felragyogtatva.

2023. július 7.   I.M.

A szerző

Ispány Marietta XXI. századi költő, orvos, zenetanár, 1971-ben született Debrecenben. Gyermekkorát vidéken, Nádudvaron és Tetétlenen töltötte.

Sokoldalú neveltetése éveiben és gyermekkora szabad boldogságában alakult ki és épült teljessé az a korán kiforrt képzeletvilág, amely későbbi írásaiban bonthatta ki szárnyait és szilárdulhatott egy érett, zenében és színekben roskadozó térré.

Verseit finom, törékeny és árnyalt belső érzékelés jellemzi, amely mélységeket és eget meghaladó magaslatokat érintve teszi lehetővé, hogy szavakkal fesse meg azt a láthatatlan festményt, amelybe mártózva az olvasó egy új, különleges dimenzióba repülhet.

Életpályáján az irodalom természetes kincsként volt jelen, amikor merőben más pályát választott. Orvosi és zenei tanulmányait egymást követően végezte.

E széles, impressziókkal teli út tovább gazdagította, magánéleti krízisei pedig tovább mélyítették azt a bő vizű kutat, amely versein át törhetett a felszínre.

novum KIADÓ A SZERZŐKÉRT

A kiadó

*Aki feladja,
hogy jobbá váljon,
feladta,
hogy jobb legyen!*

E mottó alapján a novum publishing kiadó célja az új kéziratok felkutatása, megjelentetése, és szerzőik hosszútávú segítése. Az 1997-ben alapított, többszörösen kitüntetett kiadó az egyik legjelentősebb, újdonsült szerzőkre specializálódott kiadónak számít többek között Ausztriában, Németországban és Svájcban.

Valamennyi új kézirat rövid időn belül egy ingyenes, kötelezettségek nélküli kiadói véleményezésen esik át.

További információkat a kiadóról és a könyvekről az alábbi oldalon talál:

www.novumpublishing.hu

Értékelje ezt a könyvet honlapunkon!

www.novumpublishing.hu